VISTA™

Comparar y contrastar

Frases claves para **comparar y contrastar:**

Al comparar _____ y
_____, noto que ambas
cosas se parecen en que _____.

También, me doy cuenta de que se diferencian
en cuanto a _____.

A diferencia de...
En cuanto a...
Las diferencias son...
Las semejanzas son...
En cambio...
Ambas...
En cada caso...

Hallar en qué se **parecen**
y **diferencian** dos o más cosas,
lugares o sucesos se llama
comparar y contrastar.

Conoce la
selva tropical

Océano
Atlántico

VENEZUELA
GUYANA
SURINAM
Guayana Francesa
COLOMBIA
ECUADOR
Río Amazonas
BRASIL
PERÚ
BOLIVIA
AMÉRICA
DEL SUR
Océano
Pacífico
PARAGUAY
ARGENTINA
URUGUAY
CHILE

El río Amazonas en Sudamérica es uno de los ríos más importantes de la Tierra. También es uno de los ríos más largos, con una longitud de casi 4000 millas.

El río Amazonas está en los **trópicos**. Esta zona es muy húmeda porque recibe mucha lluvia durante todo el año.

El área alrededor del río Amazonas se conoce como **selva tropical** amazónica. Allí vive una gran variedad de plantas y árboles, ya que esta zona es cálida, húmeda y lluviosa.

La selva tropical es el hogar de muchos tipos de animales muy **singulares**. Estos animales tienen partes especiales del cuerpo que les ayudan a sobrevivir en la selva.

SALVAR la selva tropical

La selva amazónica es la selva tropical más grande del mundo. Es uno de los lugares de la Tierra con la mayor cantidad de **especies** de plantas y animales.

¡Más de tres millones de especies diferentes de seres vivos viven en la selva tropical! Todas estas formas de vida necesitan aire y agua limpios para sobrevivir. Por eso es tan importante mantener la selva tropical en buenas condiciones.

Hoy, la selva amazónica está en peligro. El hombre explota muchos de los recursos de la selva tropical. Corta árboles para obtener madera y utiliza sus plantas para elaborar alimentos y medicinas.

Algunas plantas y animales solo existen en esta selva. Si lastimamos o destruimos sus **hábitats**, es posible que estas plantas y animales no puedan sobrevivir.

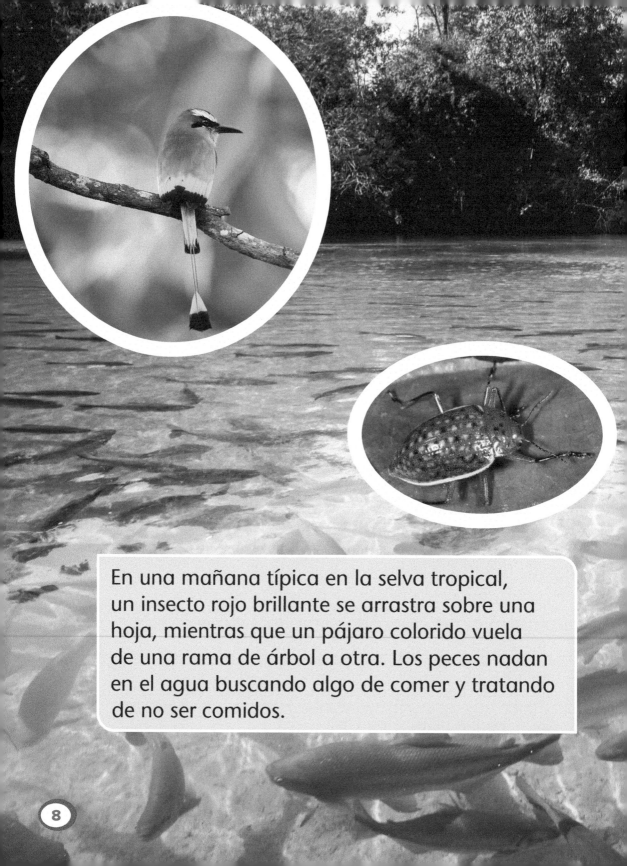

En una mañana típica en la selva tropical, un insecto rojo brillante se arrastra sobre una hoja, mientras que un pájaro colorido vuela de una rama de árbol a otra. Los peces nadan en el agua buscando algo de comer y tratando de no ser comidos.

Los peces no son los únicos que buscan comida esta mañana. Un **caimán** descansa en la orilla del río, espera y observa atentamente. Es posible que ni siquiera veas al caimán si no miras con cuidado porque se camufla muy bien con su entorno.

El caimán tiene mucha hambre y necesita atrapar un pájaro o un pescado para el desayuno.

Cerca de allí, un **jaguar** se esconde entre las plantas. Las manchas en su pelaje lo ayudan a **camuflarse** con todo lo que lo rodea. Este gran felino caza y come casi todo lo que se mueve en la selva.

El jaguar tiene pelos especiales en la cara llamados vibrisas. Tiene aproximadamente 60 de ellos alrededor de la boca y los ojos. Un jaguar usa sus bigotes para sobrevivir en la selva tropical.

Los bigotes son como otro par de ojos, orejas o patas para el jaguar. Lo ayudan a encontrar **presas** y lo **alertan** cuando el peligro está cerca.

Si algo se mueve cerca de él, siente el movimiento en el aire gracias a sus bigotes.

El jaguar no puede ver bien de cerca, por lo que también usa sus bigotes para saber qué hay frente a él cuando está comiendo.

Comer o ser comido

Algunos animales son **depredadores**, lo que significa que cazan a otros animales para alimentarse. Otros animales son presas, lo que significa que otros animales los cazan para alimentarse. Algunos animales son tanto depredadores como presas.

Por ejemplo, el jaguar es un depredador en la selva tropical. Caza y come otros animales. El jaguar caza y come monos, son su presa favorita en la selva.

mono

cadena alimentaria

jaguar

nueces

En este diagrama podemos ver una cadena alimentaria. Cuando un animal come, la energía alimentaria y los nutrientes se transfieren de un organismo al siguiente. Una cadena alimentaria es una transferencia de energía alimentaria y nutrientes entre organismos.

Esta cadena alimentaria muestra cómo los seres vivos dependen unos de otros en la selva tropical. El mono se come las nueces del árbol y el jaguar se come al mono. Sin las nueces, el mono no puede sobrevivir. Sin el mono, el jaguar no puede sobrevivir.

Un bagre nada en el fondo del río, donde le gusta esconderse en el lodo y entre las rocas. Los bagres tienen aletas en la parte superior, en los laterales y en la parte inferior de sus cuerpos.

Las aletas del bagre lo ayudan a sobrevivir en el río. Le ayudan a moverse en el agua para encontrar comida. ¡Sus aletas también lo ayudan a sobrevivir, ya que puede escapar rápidamente de los depredadores hambrientos!

La anguila eléctrica es otro tipo de pez que vive en el río Amazonas. En lugar de muchas aletas, tiene solo una pequeña aleta en la parte inferior de su cuerpo. Esta aleta ayuda a la anguila a sobrevivir en el río.

La anguila se mueve por el agua más como una serpiente que como un pez. La aleta le ayuda a nadar hacia adelante y hacia atrás para buscar comida y lugares donde esconderse de otros animales.

El oso hormiguero gigante no es peligroso para los humanos, pero probablemente te asustes si te encuentras con uno. Este oso es más o menos del tamaño de un perro grande, ¡y su pelaje largo lo hace parecer aún más grande!

Las afiladas garras de los osos hormigueros gigantes miden unas 4 pulgadas de largo. Las garras los ayudan a sobrevivir en la selva tropical.

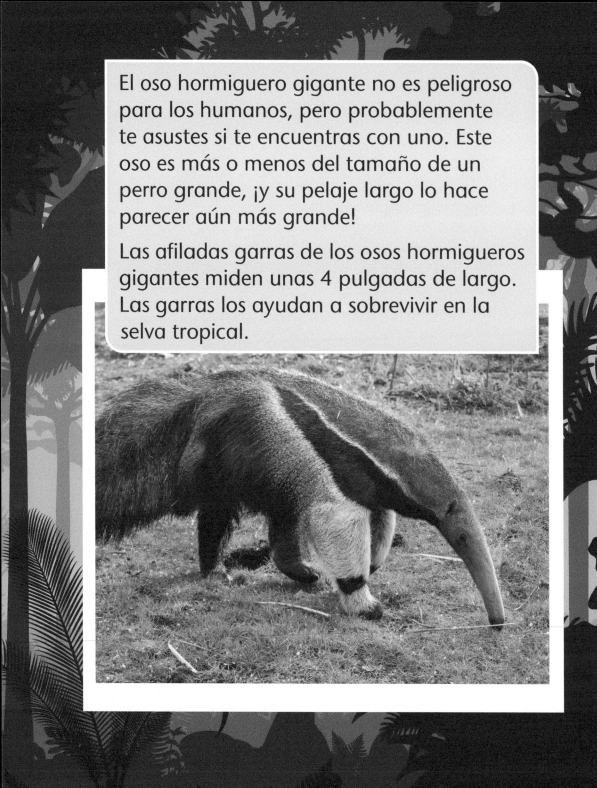

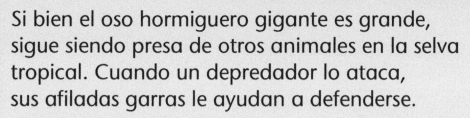

Si bien el oso hormiguero gigante es grande, sigue siendo presa de otros animales en la selva tropical. Cuando un depredador lo ataca, sus afiladas garras le ayudan a defenderse.

Las garras también lo ayudan a comer hormigas. Las usa para cavar agujeros en un hormiguero. Luego, lame las hormigas con su lengua larga y estrecha. ¡La lengua de un oso hormiguero gigante mide aproximadamente 2 pies de largo!

SABELOTODO

¡Un oso hormiguero gigante puede comer hasta 30 000 hormigas al día!

Capas de la selva tropical

La selva tropical se divide en cuatro capas. Las condiciones en cada capa son diferentes, según la cantidad de luz solar, lluvia y viento que reciben. Debido a estas diferentes condiciones, en cada capa viven diferentes plantas y animales.

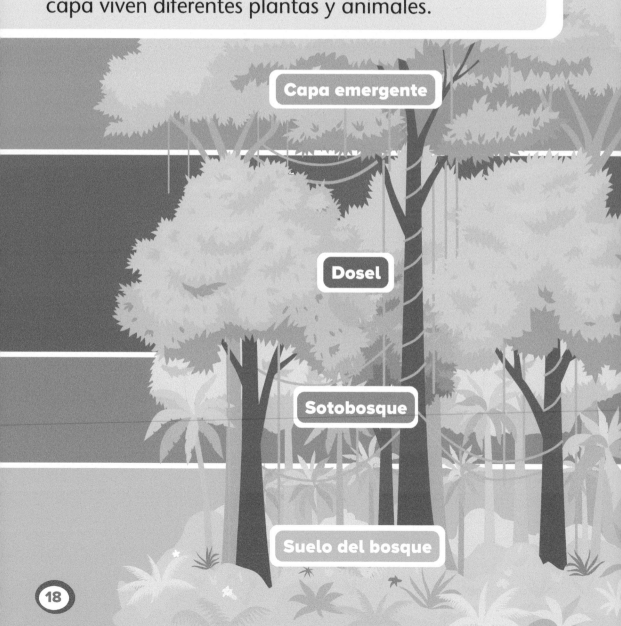

Capa emergente

Dosel

Sotobosque

Suelo del bosque

Emergente Es la capa superior de la selva tropical. Los árboles más altos pueden tener más de 200 pies de altura. Esta capa recibe mucha luz solar, lluvia y viento. En la selva amazónica, las copas de los árboles de nuez de Brasil y los árboles de ceiba forman la capa emergente. Águilas, murciélagos, monos y mariposas son algunos de los animales que viven aquí.

Dosel Está debajo de la capa emergente. Las ramas y las hojas de los árboles más altos forman esta capa. El dosel recibe una buena cantidad de luz solar, lluvia y brisas frescas. Tucanes, perezosos y muchos insectos tienen su hogar en esta capa de la selva tropical.

Sotobosque Está debajo del dosel. El aire es cálido y húmedo. La mayor parte de la luz del sol está bloqueada por los árboles. Aquí se encuentran plantas que crecen a la sombra. Para muchos animales, el sotobosque es un buen lugar para esconderse. Aquí viven ranas arborícolas, serpientes y jaguares.

Suelo del bosque La luz del sol apenas llega al suelo del bosque, por lo que esta capa es muy oscura. También es muy húmeda. Aquí solo pueden crecer ciertos tipos de plantas. Las babosas, los gusanos y los insectos tienen aquí su hogar. Los jabalíes y los osos hormigueros buscan comida en el suelo del bosque.

Más de mil tipos diferentes de aves viven en la selva amazónica. Algunas aves viven principalmente en el suelo, mientras que otras viven en los árboles. La selva tropical es el hogar de algunas de las aves forestales más grandes del mundo, así como de algunas de las aves más pequeñas.

Aunque muchas de estas aves tienen diferentes tipos de picos, el pico de cada ave le ayuda a sobrevivir en la selva tropical. Muchas aves luchan por el espacio y la comida. Sus picos son su principal defensa contra los depredadores.

¡Los picos son como las uñas! Siguen creciendo durante toda la vida de un pájaro.

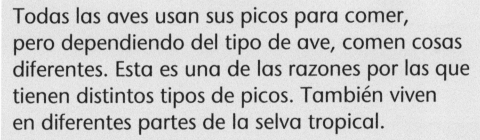

Todas las aves usan sus picos para comer, pero dependiendo del tipo de ave, comen cosas diferentes. Esta es una de las razones por las que tienen distintos tipos de picos. También viven en diferentes partes de la selva tropical.

Algunas aves usan sus picos largos y delgados para atrapar peces. Otras, usan sus picos cortos y fuertes para recoger frutos de los árboles.

Algunas aves usan sus picos para ayudarse a trepar a los árboles y construir nidos para sus crías.

Un caimán espera junto al río y ve algo que se mueve bajo el agua. Se desliza lentamente hacia el río.

¡Paf! El caimán atrapa un pez con sus afilados dientes. Los caimanes tienen bocas alargadas con unos 80 dientes, que les ayudan a atrapar y comer los alimentos.

Un jaguar se esconde entre las plantas. Oye el chapoteo en el agua y ve al caimán atrapar el pez. El jaguar también tiene hambre y le ruge al caimán. Los jaguares tienen dientes afilados. ¡Y comen caimanes!

Seguridad
en la selva tropical

Las selvas tropicales son excelentes lugares para explorar debido a todas las increíbles plantas y animales que se pueden encontrar. Cuando se explora la selva tropical, es importante tener cuidado para no convertirse en presa de un depredador hambriento como un jaguar, un caimán o una serpiente.

Otros seres vivos más pequeños también pueden ser peligrosos para las personas. Muchos insectos, por ejemplo, pueden transmitir enfermedades.

Las personas deben seguir estas reglas de seguridad cuando visitan el Amazonas u otras selvas tropicales:

- ☑ Viaja con un guía.
- ☑ Nunca vayas a áreas **remotas**.
- ☑ Nunca te acerques a la vida silvestre ni la alimentes.
- ☑ Presta atención a lo que sucede en tu entorno y observa dónde pisas.
- ☑ Usa mangas largas, pantalones largos, botas y sombrero.
- ☑ Usa repelente de insectos y bebe solo agua embotellada.
- ☑ ¡Asegúrate de llevar un botiquín de primeros auxilios!

alertan avisan

caimán reptil, parecido a un cocodrilo o a un aligátor, que vive en la selva tropical

camuflarse manera de ocultarse en el entorno usando los colores o formas de lo que te rodea

depredadores animales que cazan y comen otros animales

especies tipos de animales

hábitats ambientes donde viven plantas y animales

jaguar felino grande con manchas que vive en la selva amazónica

presa animal que es cazado como alimento por otro animal

remotas muy lejanas

selva tropical bosque en los trópicos donde llueve mucho

singulares excepcionales

trópicos área alrededor del ecuador, donde hace calor

Photography and Art Credits

All images © by Vista Higher Learning unless otherwise noted.

Cover: Richard Whitcombe/Shutterstock; Fotos593/Shutterstock

4: Curioso Photography/123RF; **5:** Richard Whitcombe/Shutterstock; Fotos593/Shutterstock; **6:** Dirk Ercken/123RF; **7:** Paralaxis/Shutterstock; **8:** Christian Kohler/Shutterstock; (t) Martin Mecnarowski/Shutterstock; (b) Dr Morley Read/Shutterstock; **9:** Nickdale/123RF; **10:** Gudkov Andrey/Shutterstock; **11:** Martin Pelanek/Shutterstock; **14:** Wrangel/123RF; **15:** Dudewayap/Deposit Photos; **16:** Vladimir Wrangel/Shutterstock; **17:** Fotofeeling/Media Bakery; South O Boy/Shutterstock; **18-19:** Mentalmind/Shutterstock; **20:** (t) OndrejProsicky/Deposit Photos; (b) Aleksandr Vorobev/123RF; **21:** Asif Mehmood 786/Shutterstock; Frenta/Deposit Photos; **22:** Giedriius/Deposit Photos; **23:** Adalbert Dragon/Shutterstock; **24-25:** NaiyanaB/Shutterstock; **24:** Eyecandy Images/Alamy; **25:** Patrick K. Campbell/Shutterstock.

© 2024, Vista Higher Learning, Inc.
500 Boylston Street, Suite 620
Boston, MA 02116-3736
www.vistahigherlearning.com
www.loqueleo.com/us

Dirección Creativa: José A. Blanco
Vicedirector Ejecutivo y Gerente General, K–12: Vincent Grosso
Desarrollo Editorial: Salwa Lacayo, Lisset López, Isabel C. Mendoza
Diseño: Radoslav Mateev, Gabriel Noreña, Andrés Vanegas, Manuela Zapata
Coordinación del proyecto: Karys Acosta, Tiffany Kayes
Derechos: Jorgensen Fernandez, Annie Pickert Fuller, Kristine Janssens
Producción: Thomas Casallas, Oscar Díez, Sebastián Díez, Andrés Escobar,
  Adriana Jaramillo, Daniel Lopera, Daniela Peláez

Conoce la selva tropical
ISBN: 978-1-66992-207-0

Printed in the United States of America

1 2 3 4 5 6 7 8 9 GP 29 28 27 26 25 24